PowerKids Readers
En español

Limpieza y salud
(todo el día)

¡A comer sanamente!

Elizabeth Vogel
Traducción al español:
Tomás González

The Rosen Publishing Group's
Editorial Buenas Letras™
New York

1

Published in 2001, 2004 by The Rosen Publishing Group, Inc.
29 East 21st Street, New York, NY 10010

First Edition in Spanish 2004
First Edition in English 2001

Book Design: Felicity Erwin
Layout: Dean Galiano

Photographs by Thaddeus Harden
Illustration (p. 5) by Emily Muschinske.

Vogel, Elizabeth.
   ¡A comer sanamente! / by Elizabeth Vogel ; traducción al español Tomás González.
   p. cm.—(PowerKids Readers. Limpieza y salud todo el día)
   Includes bibliographical references and index.
   Summary: Describes the five main food groups and how eating right promotes good health.
   ISBN 0-8239-6612-7
   1. Nutrition—Juvenile literature. 2. Health—Juvenile literature. 3. Food—Health aspects—Juvenile literature. [1.Nutrition. 2. Health. 3. Spanish language materials. 4. Food.]
   I. Title. II. Series.
   613.2—dc21

Manufactured in the United States of America

Contenido

Hay cinco grupos
principales de alimentos:
1. Pan y cereales
2. Frutas y verduras
3. Leche y otros
    productos lácteos
4. Carne y otras proteínas
5. Grasas, aceites y dulces

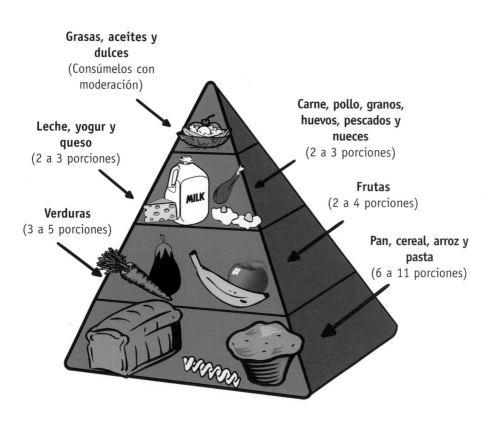

Grasas, aceites y dulces
(Consúmelos con moderación)

Leche, yogur y queso
(2 a 3 porciones)

Verduras
(3 a 5 porciones)

Carne, pollo, granos, huevos, pescados y nueces
(2 a 3 porciones)

Frutas
(2 a 4 porciones)

Pan, cereal, arroz y pasta
(6 a 11 porciones)

MILK

La pirámide de los alimentos

Yo desayuno todos los días. Necesito alimentarme para comenzar el día.

A los niños nos gusta correr al aire libre. Para eso necesitamos energía.

9

Mi mamá y yo compartimos unas zanahorias.

Las zanahorias son verduras. Las zanahorias contienen vitaminas. Necesitamos vitaminas para mantenernos sanos.

Mi mamá mide mi estatura. Es importante comer alimentos saludables. Los alimentos sanos hacen que tu cuerpo crezca grande y fuerte.

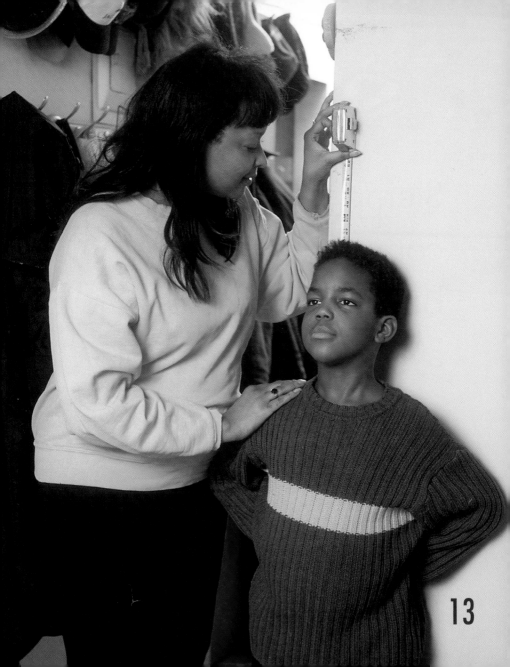

Siempre acompaño mis comidas con una bebida. La bebida ayuda a que pase el alimento. Tomo jugo, leche o agua.

A veces me como una galleta después de comer. Los alimentos dulces como las galletas tienen mucha azúcar. Un poco de azúcar es buena, pero mucha azúcar no es saludable.

¡Las manzanas son bocadillos deliciosos! Los bocadillos son porciones pequeñas de alimento que mantienen tu energía entre una comida y otra. Me gustan los bocadillos.

Trata de alimentarte bien todos los días. Si comes bien te sentirás saludable todo el día.

21

Palabras que debes saber

MANZANA

DESAYUNO

GALLETA

BEBIDAS

VERDURAS

Otros libros que puedes leer sobre la
alimentación sana:

En español:
¡A comer!
por Ana Zamorano
Scholastic, Inc. 1999

Comer bien, saber bien
por Mario Gomboli
Ed. Bruño, Madrid, España, 1998

Ediciones bilingues
Let's Eat/Vamos a comer
Por Alan Benjamim. Ilustraciones Hideo Shirotani
Little Simon, 1992

Debido a las constantes modificaciones en los
sitios de Internet, PowerKids Press ha desarrollado
una guía on-line de sitios relacionados al tema de
este libro. Nuestro sitio web se actualiza
constantemente. Por favor utiliza la siguiente
dirección para consultar la lista:

http://www.buenasletraslinks.com/chl/er

Índice

Número de palabras: 179

Note to Parents, Teachers, and Librarians

PowerKids Readers en Español are specially designed to get emergent and beginning hispanic readers excited about learning to read. Simple stories and concepts are paired with photographs of real kids in real-life situations. Sentences are short and simple, employing a basic vocabulary of sight words, as well as new words that describe familiar things and places. With their engaging stories and vivid photo-illustrations, PowerKids en Español gives children the opportunity to develop a love of reading and learning that they will carry with them throughout their lives.

Nota para bibliotecarios, maestros y padres

Los libros de PowerKids Readers en español han sido específicamente diseñados para lectores hispanoparlantes emergentes y principiantes, que se inician en la lectura. Las historias y los conceptos simples vienen acompañados de fotografías de chicos en situaciones de la vida real. Las frases son cortas y simples, y utilizan un vocabulario básico así como palabras nuevas que describen situaciones y lugares familiares. Con sus atractivas historias y sus vívidas fotografías, cada libro de PowerKids Readers en español le dará a los chicos la oportunidad de desarrollar el amor por la lectura y el aprendizaje, que tan útil les será el resto de sus vidas.